VENTE

HOTEL DROUOT, SALLE N° 11

Les Vendredi 18 et Samedi 19 Novembre 1898

A DEUX HEURES UN QUART

OBJETS D'ART

ET DE

BEL AMEUBLEMENT

Sculptures, Bronzes, Argenterie

TAPISSERIES, TENTURES, TAPIS

TABLEAUX

Objets de Vitrine, Bijoux Anciens

Me G. DUCHESNE
Commissaire-Priseur
6, Rue de Hanovre, 6

M. A. BLOCHE
Expert près la Cour d'Appel
28, Rue de Châteaudun, 28

EXPOSITION PUBLIQUE

Le Jeudi 17 Novembre 1898

DE 2 HEURES A 6 HEURES

IMPRIMERIE ARTISTIQUE
LUX
MÉNARD & CHAUFOUR
8 & 10, RUE MILTON
PARIS

CATALOGUE

D'OBJETS D'ART

ET DE

BEL AMEUBLEMENT

Argenterie ancienne en partie d'Odiot, Bijoux anciens
Eventails, Miniatures, Boîtes

SCULPTURES signées CLODION, ROMANELLI, H. MOREAU

Bronzes XVIIIe siècle, 1er Empire et Restauration

Porcelaines, Faïences, Émaux de Limoges, Étains
Grand Piano 1er Empire, Crédences, Bahuts, Armoires Lit de milieu
Horloges, Vitrines, Commodes, Bureaux

ÉPOQUES & STYLES XVIe & XVIIIe SIÈCLES

Ameublement Byzantin

Tapisseries, Tentures, Broderies, Tapis d'Orient

TABLEAUX ANCIENS & MODERNES

AQUARELLES, DESSINS, GRAVURES

DONT LA VENTE AURA LIEU

HOTEL DROUOT, SALLE No **11**

Les Vendredi 18 et Samedi 19 Novembre 1898

A DEUX HEURES UN QUART

Me G. DUCHESNE	**M. A. BLOCHE**
Commissaire-Priseur	*Expert près la Cour d'Appel*
6, Rue de Hanovre, 6	28, Rue de Châteaudun, 28

Chez lesquels se distribue le présent catalogue

EXPOSITION PUBLIQUE

Le Jeudi 17 Novembre 1898

DE 2 HEURES A 6 HEURES

CONDITIONS DE LA VENTE

Elle aura lieu *expressément* au comptant.

Les acquéreurs paieront *cinq pour cent*, en sus des enchères.

L'exposition mettant le public à même de se rendre compte de l'état et de la nature des objets, il ne sera reçu aucune réclamation une fois l'adjudication prononcée.

Paris. — Imprimerie Ménard & Chaufour, 8-10, rue Milton

DÉSIGNATION

MEUBLES

1 — Belle commode à contours, du temps de Louis XV, ornée de bronzes.

2 — Deux fauteuils du temps de Louis XVI couverts en velours rouge.

3 — Meuble de salon, en bois sculpté, style Louis XVI, couvert en tapisserie d'Aubusson à fleurs.

4 — Fauteuil bergère en noyer sculpté, de style Louis XVI, garni de soie brochée fond gris.

5 — Deux chaises en noyer sculpté, dossiers à colonnettes, recouvertes en soie brochée sur fond gris. Style Louis XVI.

6 — Deux chaises en noyer sculpté de style Louis XVI, dossiers à lyre, garnies en soie brochée fond gris.

7 — Grand et beau piano en acajou orné de bronzes ciselés et dorés. Epoque Ier Empire.

8 — Deux crédences en chêne sculpté, panneaux offrant en relief des bustes de personnages et des mascarons.

9 — Deux petits buffets en chêne sculpté, partie du haut vitrée, montants à têtes, cariatides et mufles de Lions. Style Louis XIII.

10 — Belle armoire normande Louis XV en chêne sculpté, décorée en relief de branches fleuries et de trophées d'instruments aratoires.

11 — Belle armoire normande semblable à la précédente avec trophées d'instruments de musique.

12 — Grande table en chêne sculpté, pieds à boules reliés par une entrejambe, ceinture sculptée à figures de chimères. Style Louis XIII.

13 — Paire de supports appliques en bois sculpté à figures d'enfants, supportant des coquilles.

14 — Fauteuil en noyer sculpté, forme dite Dagobert, décor à feuillages et mufle de Lion avec coussin et dossier garnis en ancienne soie brochée, fond rouge.

15 — Paire de supports appliques en bois

sculpté formés par des cariatides d'enfants supportant des coquilles.

16 — Deux chaises en noyer à dossier et entrejambe sculptés.

17 — Lit de milieu en chêne sculpté, fronton à carquois, montants à colonnes détachées et cannelées, accompagné de sa literie et d'un ciel de lit en chêne sculpté avec draperie en laine bleue.

18 — Glace avec cadre en bois sculpté Louis XVI.

19 — Petit cartel Louis XVI en bois rose, orné de bronze.

20 — Porte chapeau formant coffre à bois, en chêne sculpté. Style Renaissance.

21 — Meuble crédence à colonnettes en bois sculpté à feuillages sur fond d'or, il ouvre à deux tiroirs et un vantail garni de glaces sur les côtés.

22 — Table liseuse en noyer et marqueterie de bois.

23 — Table de milieu à volets en marqueterie de bois orné de bronze. Style Louis XVI.

24 — Deux tabourets - supports à figure de nègre en bois sculpté et peint.

25 — Grand bahut en bois sculpté, XVIIe siècle.

26 — Belle horloge hollandaise avec sa gaîne.

27 — Jolie vitrine en acajou orné de bronzes dorés à guirlandes. Style Louis XVI, tablettes en glace.

28 — Chiffonnier-secrétaire en marqueterie de bois à fleurs. Style Louis XVI.

29 — Petite table ovale avec tablette d'en-

trejambes en bois marqueté à fleurs Louis XVI.

30 — Guéridon-support, forme corbeille en acajou garni de bronzes, dessus en marbre vert de mer. Style du Ier Empire.

31 — Bureau-commode ouvrant à dos d'âne et à trois tiroirs en marqueterie de bois garni de bronzes. Style Louis XV.

32 — Commode d'entre-deux en acajou et filets de cuivre, ouvrant à deux portes et trois tiroirs. Style Louis XVI.

33 — Grand meuble-bahut ouvrant à trois portes en bois noir sculpté avec panneaux en laque de style chinois.

34 — Console en bois sculpté et doré, bandeaux à jour ornés de guirlandes de fleurs, pieds à griffes de lions, avec vase enguirlandé de fleurs au milieu, dessus en marbre blanc. Travail de style Louis XVI, de la maison FOURDINOIS.

AMEUBLEMENT BYZANTIN

35 — Cheminée style byzantin à deux corps, en bois peint, décor multicolore rechampi d'or avec tablier en cuivre doré, garni de saints en cuivre repoussé.

36 — Grille formant garde-feu en bronze, argenté et doré.

37 — Bibliothèque à trois corps, même décoration que la cheminée.

38 — Petit meuble ancien formant armoire, avec sculpture rechampie d'or.

39 — Autre petit meuble analogue formant table de nuit.

40 — Bureau de même décoration que les précédents, avec paon ouvrant sa queue

renfermant une papeterie en forme de tabernacle, entièrement brodé de perles fines multicolores.

41 — Chaise-longue de même décoration, la tête en forme de paon.

42 — Fauteuil de même décoration, recouvert de velours de Gênes lamé or.

43 — Petite table triangulaire de même décoration, recouverte de peluche rouge.

44 — Fauteuil turc, décoration moucharabie multicolore, recouvert en velours de Gênes lamé or.

45 — Grand pouf carré, même décoration et même velours.

46 — Fenêtre japonaise en bambou blanc, décorée de vitraux japonais avec jardinières. (Cette fenêtre peut servir de devant d'armoire.)

SCULPTURES

TERRE CUITE, MARBRE, IVOIRE

47 — Groupe formant porte-montre, en terre cuite. Signé : CLODION 1802, représentant : Trois jeunes femmes réunies autour d'un autel, surmonté de fleurs et tenant des amours prisonniers dans un sac.

48 — Statuette en marbre blanc sculpté : La Nuit.

49 — Belle statuette de saint Jean-Baptiste enfant, en ivoire sculpté.

Travail ancien.

Haut. 40 cent.

50 — Jolie statuette en marbre blanc : Nymphe à demi couchée et couronnée de fleurs, par ROMANELLI.

51 — Beau buste en marbre : Madame de Beauffremont en costume Louis XV.

52 — Groupe en marbre : Le Sentier fleuri, de H. Moreau.

53 — Buste en marbre : Marie-Antoinette.

BRONZES

ÉMAUX CLOISONNÉS, FERS, ÉTAINS

54 — Garniture de cheminée composée : d'une pendule en marbre jaune de Sienne, cadran formant borne placé entre deux statuettes en bronze représentant : Apollon couronné par la Muse, socle en bronze et bronze doré, et deux candélabres à six lumières en bronze et bronze doré sur trois pieds à griffes. Epoque de la Restauration.

55 — Paire de petits flambeaux en bronze poli formés par des cariatides de femmes.

56 — Pendule en marbre jaune de Sienne, surmonté d'un groupe de chevaux de Marly.

57 — Suspension formant lampadaire à quatre branches en bronze doré.

58 — Paire d'appliques à trois lumières, en bronze doré. Epoque de la Restauration.

59 — Pendule en bronze doré; le cadran surmonté d'une figure de Diane chasseresse posé sur un socle à cariatides d'amours se terminant par des rinceaux. Epoque Louis XVI.

60 — Grand brûle-parfums tripode en émail cloisonné du Japon; il est formé par trois cerfs adossés supportant une lanterne. Sur socle en bois de Tek.

61 — Deux petits vases en bronze du Japon.

62 — Deux flambeaux en bronze du Japon.

63 — Grande armure en fer gravé.

64 — Petite armure en fer gravé.

65 — Deux figurines en bronze : Chinois et Chinoises sur socles en marbre blanc. Epoque Louis XVI.

66 — Médaillon en bronze. Style Louis XV, avec groupe de la Vierge et l'Enfant Jésus sur fond de lapis.

67 — Pendule en bronze doré à figure de jeune femme. Epoque Empire.

68 — Pendule et deux porte-bouquets en bronze doré. Style Rocaille.

69-70 — Quatre pichets en étain.

71 — Garniture de cheminée en bronze doré composée d'une pendule, cadran tournant

et de deux vases, socles en marbre ornés de bronzes. Epoque Ier Empire.

72 — Paire de chenêts Louis XV : Enfants sur des rocailles.

73 — Pendule Louis XVI, Lion supportant un mouvement, dans le haut un coq est perché sur des nuages.

74 — Deux candélabres cuivre et fer forgé.

75 — Grande suspension de salle à manger en fer forgé et ornementé.

76 — Paire de candélabres Louis XVI : Enfants portant un bouquet de roses.

77 — Groupe en bronze, d'après Glodion.

78 — Paire de buires Louis XVI, parties dorées, parties bronzées.

79 — Paire de bras d'applique Empire, à trois lumières, formés par des cariatides.

80 — Paire de vases Louis XVI, parties dorées et bronzées.

81 — Paire de chenêts Louis XVI, ornés de figurines.

82 — Groupe en bronze : Le Myosotis, de MATHURIN MOREAU, socle en marbre.

83 — Paire de girandoles Louis XVI à trois lumières, bronze ciselé.

84 — Groupe en bronze : Le Temps fauchant les Amours.

85 — Buste en bronze : Le Printemps.

86 — Statuette en bronze, patine antique : Le Vainqueur, d'ÉMILE LAPORTE.

87 — Lustre flamand à six lumières en cuivre jaune.

88 — Joli groupe en biscuit : Le Triomphe de Vénus.

89 — Buste en biscuit : Marie-Antoinette, signé LECOMTE.

90 — Grand brûle-parfums en bronze du Japon, forme éléphant portant un palanquin.

91 — Deux lions assis, en faïence de DELFT.

92 — Deux supports d'applique en bronze, trompes d'éléphants. Style chinois.

93 — Pendule à colonnettes en marbre blanc, garnie de bronzes dorés. Style Louis XVI.

94 — Paire de girandoles en bronze doré. Style Louis XV.

95 — Lampe en bronze, disposée pour l'électricité : Baigneuse au milieu des roseaux. Signée BELIN.

96 — Deux colonnes en marbre vert de Florence.

97 — Groupe équestre, Chasseur albanais, bronze de FRÉMIET, sur socle en marbre.

98 — Statuette en bronze : Pénélope, édition de BARBEDIENNE, socle en peluche.

99 — Pendule Empire en bronze doré.

100 — Deux flambeaux en bronze.

101 — Beau buste en bronze : Georges Sand de J. CLESINGER, édition de Barbedienne.

102 — Trois petites glaces médaillons, cadres en bois sculpté et doré à têtes de chérubins. Époque Louis XVI.

103 — Garniture de cheminée en bronze du Japon, décor en relief à dragons et volatiles, composée d'une jardinière et de deux vases.

104 — Jardinière en bronze du Japon, patine claire, anses à têtes d'éléphants.

105 — Grande lanterne japonaise, vitraux ornés de peintures.

106 — Vase en faïence de Satzuma, décor à personnages.

107 — Jolie jardinière en émail cloisonné de Chine, fond noir à fleurs et arbustes, monture en bronze ciselé et doré.

FAIENCES ET PORCELAINES

108 — Trois assiettes en porcelaine de Vienne, décorées au centre de sujets allériques et mythologiques.

109 — Paire de bouteilles forme gourdes en faïence de Limoges, décorées sur la panse de paysages. Style Renaissance.

110 — Vingt-trois assiettes en faïence de Delft à décor polychrome.

111 — Cinq plats en vieux Delft à décor bleu.

112 — Assiette en vieux Chine, famille rose.

113 — Deux assiettes du Japon, décor à réserves de feuillages.

114 — Trois potiches avec couvercles en faïence de Delft à décor bleu.

115 — Trois potiches avec couvercles en faïence de Delft polychrome, médaillons à paysages avec cours d'eau.

116 — Deux potiches en Delft à décor bleu.

117 — Six assiettes et compotiers, même faïence et décor en bleu.

118 — Grande jardinière en faïence italienne, fond gros bleu, décor à rinceaux et médaillons à figures d'enfants.

119 — Paire de grands vases de forme ovoïde en faïence de Longwy bleu turquoise, décor ton sur ton de style oriental avec plateaux.

120 — Brûle-parfums en même faïence bleu turquoise, décor de style chinois.

121 — Jardinière en faïence de Choisy-le-Roi fond noir, décor émaillé à feuillages et ornements, médaillons à bustes de personnages.

122 — Trois plats en faïence de Moustiers, décor en jaune et vert.

123 — Plat en faïence de Saint-Clément, décoré d'une chasse au cerf dans un paysage, bordure à ornements.

124 — Vase forme balustre en DELFT à décor bleu.

125 — Jardinière sur piédouche en porcelaine du Japon à décor bleu.

126 — Paire de vases en faïence italienne, décor feuillagé en bleu.

127 — Trois vases en terre.

128 — Deux plaques en faïence, de CASTELLI : sainte Cécile ; saint Jean-Baptiste et saint François.

129 — Plaque en faïence de CASTELLI : Adoration des mages.

130 — Six tasses forme Cygne, avec soucoupes porcelaine de Vienne.

131 — Douze tasses avec soucoupes en ancienne porcelaine, décor à oiseaux.

132 — Théière en porcelaine de Capo-di-Monte à sujets tirés de l'histoire de Vénus.

133 — Deux coupes à fruits, ajourées, en porcelaine de Saxe décor à oiseaux.

134 — Saucière en faïence décorée.

135 — Grand vase en faïence fond bleu avec frise d'amours fond blanc; sur pied en bois sculpté à trois figures de faunes.

136 — Paire de vases en porcelaine du Japon, décor à personnages sur fond craquelé.

137 — Plaque de revêtement en faïence de Perse, décor à personnages; encadrée.

138 — Coupe en porcelaine du Japon, montée en bronze doré.

139 — Potiche en porcelaine de Chine, fond blanc, dessin bleu.

140 — Groupe en biscuit.

141 — Statuette en terre cuite.

ARGENTERIE

142 — Deux beaux seaux à deux anses en argent, forme cotelée, décor à pampres. Travail d'Odiot. Époque de la Restauration.

143 — Aiguière avec son plateau en argent repoussé et ciselé, en partie doré, décor à médaillons à sujets bibliques, mascarons, groupes de fruits, rinceaux. Travail Renaissance.

144 — Coupe en argent d'après Benvenuto Cellini.

145 — Beau vase forme calice avec couvercle en argent repoussé et ciselé, décor à mé-

daillons de figures mythologiques, mascarons, mufles d'animaux, groupes de fruits, ornements divers. Le pied est orné d'un groupe Sirène et Dauphin et le couvercle est surmonté d'un groupe d'anges. Beau travail du commencement du XVIIe siècle.

146 — Vase forme calice en argent repoussé et ciselé, décor à sujets de chasse, pied formé par une figure de paysan. XVIe siècle.

147 — Quatre pieds de plateau en argent ciselé; griffes de Lion. Époque de la Restauration.

148 — Vidrecome couvert en argent repoussé finement ciselé. Décor représentant la bravoure d'André, fils de Georgel, sous les murs de Loutsk en 1150. Remarquable travail russe ancien.

149 — Grand et beau vase avec socle carré

en argent, décor à guirlande, culot feuillage. Signé MARTIN. Epoque de la Restauration.

150 — Beau surtout de table composé d'une grande coupe et deux plus petites en cristal avec pieds en bronze argenté finement ciselé à mufles et griffes de lion. Travail de FANNIÈRE.

151 — Deux jolies buires en cristal, monture en argent ajouré. Style Louis XVI.

152 — Bonbonnière en argent guilloché et doré. Style Louis XVI.

153 — Coupe Louis XVI en cristal, monture argent doré.

154 — Quatre salières Louis XVI en cristal, monture argent doré.

155 — Déjeuner en argent de LAPAR, composé de quatre pièces, plateau en métal argenté.

OBJETS DE VITRINE

156 — Boussole ancienne en cuivre gravé de BUTTERFIELD à Paris.

157 — Médaille en argent : Sujets de la Passion et autre. Travail suisse.

158 — Drageoir en argent ciselé Louis XVI.

159 — Petite Vierge en filigrane.

160 — Éventail en ivoire, décor genre chinois. Époque de la Restauration.

161 — Deux éventails anciens en ivoire.

162 — Médaillon fermant en cuivre, renfermant une peinture : Vierge et Enfant.

163 — Miniature ronde : Portrait de jeune femme, cadre en cuivre.

164 — Bague de chasseur tyrolien en argent ciselé enchâssant deux dents de cerf.

165 — Miniature ovale : Jeune femme couchée.

166 — Miniature : Saint-François de Sales.

167 — Deux miniatures ovales : Portrait de jeunes femmes en costume Louis XVI.

168 — Gouache ovale : Combat d'un coq et d'un chat.

169 — Éventail Louis XVI, monture en ivoire ajouré et doré, feuille ornée de gravures en couleur sur soie, revers décoré de fleurs à l'aquarelle.

170 — Six pièces en bois sculpté, tabatières, boîte, étui, etc.

171 — Porte-cartes en bois sculp:é. Travail chinois.

172 — Quatre pièces brodées orientales et autres.

173 — Souvenir ancien en écaille incrustée d'argent doré.

174 — Boîte Louis XVI en or guilloché.

175 — Boîte décor Louis XV en argent doré.

176 — Bracelet en or mat à torsade enrichi d'une turquoise talisman gravé entouré de diamants, corps orné de perles fines.

177 — Bel éventail en plumes blanches, monture en écaille blonde ornée d'un chiffre en diamants.

178 — Grande miniature sur ivoire représentant l'Impératrice Joséphine.

179 — Miniature rectangulaire représentant Bonaparte Ier Consul.

180 — Bonbonnière en ivoire ornée d'une miniature.

181 — Croix ancienne ornée de roses.

182 — Broche en or forme pensée enrichie d'un brillant.

183 — Épingle de cravate en or avec perles fines et roses.

184 — Rivière en argent doré et simili.

185 — Bracelet artitisque en argent doré orné de grenats cabochons.

186 — Carnet de bal et porte-mine en argent.

187 — Montre américaine en cuivre doré.

188 — Montre remontoir en or.

189 — Chapelet ancien en or et perles fines.

190 — Bracelet en or enrichi de perles de fantaisie.

191 — Paires de boutons d'oreilles perles fines et brillants.

192 — Bague en or enrichie de cinq rubis et de roses.

193 — Bague en or ornée d'une simili émeraude entourée de quinze brillants.

194 — Bague marquise en or ornée de roses.

195 — Paire de pendeloques anciennes enrichies de roses.

TAPISSERIES, TENTURES

ÉTOFFES, BRODERIES

196 — Grand panneau en ancienne tapisserie représentant un sujet tiré de l'histoire romaine. Bordure à fleurs et feuillages.

197 — Quatre portières en tapisserie verdure et peluche.

198 — Sept rideaux et portières et deux bandeaux en panne rouge soutachés de jaune.

199 — Quatre bandeaux en ancienne soie blanche, à large broderie métallique.

Longueur totale $4^{m}50$ environ

200 — Devant d'autel en soie ancienne à broderie de soie et fils métalliques avec figure de Vierge au Centre.

201 — Tapis long en ancien brocard vénitien broché.

202 — Panneau en ancien damas jaune.

203 — Ancien voile de bénédiction brodé d'or avec médaillon peint sur soie : La Cène.

204 — Deux chasubles en soie lamée et brochée en couleur à sujets maritimes. Époque Louis XV, accompagnées l'une de trois pièces, l'autre de quatre pièces accessoires.

205 — Voile en soie rouge avec entre-deux et bordure en fine dentelle ancienne.

206 — Dessus de lit en ancien damas vert avec frange.

207 — Lot d'anciennes broderies de soie, provenant d'habits, étoles, etc.

208 — Deux pièces en ancienne soie brodée en soie et fils métalliques, à fleurs et oiseaux.

209 — Dix-huit pièces brodées argent. Travail valaque.

210 — Beau tapis de table en ancien velours rouge avec bordure galonnée en fin.

211 — Beau tapis ancien du Daghestan à bandes rouges, vertes et bleues, dessin à ornements.

212 — Belle carpette ancienne de l'Afghanistan fond rouge, dessin à carrés bleus, blancs et jaunes.

213 — Carpette ancienne de Koula, fond bleu à médaillons et ornements de différentes nuances.

214 — Tapis long d'Orient à petits carreaux multicolores, bordure à bandes.

215 — Tapis carré ancien en velouté oriental, fond rouge à dessins bleu et blanc.

216 — Carpette orientale fond bleu, bordure fond gris.

217 — Petit tapis oriental.

218 — Grand tapis d'Orient, fond crème, décor polychrome.

219 — Deux galeries d'Orient, dessin polychrome.

220 — Portière en ancienne, tapisserie verdure, bordure simulant un cadre, montée sur fond de velours, dessin bleu.

221 — Belle portière en ancienne soierie verte, de Chine, brodée à fleurs.

222 — Panneau en satin de chine, fond marron, brodée de soie, décor au paon.

223 — Deux lambrequins en satin, fond jaune et fond rouge brodé de perles.

224 — Beau couvre-pieds en broderie sur fond de filet.

225 — Petite tapisserie verdure à personnages.

TABLEAUX, DESSINS, GRAVURES

BEAULIEU

226 — *Vue d'Orient.*

Beau tableau.

BELLANGÉ

227 — *Les Travailleurs.*

Sépia.

BENNER

228 — *Portrait de Femme.*

CARAVAGE (École du)

229 — *La Partie de Dés.*

CASTIGLIONE (G.)

230 — *La Promenade sur le Lac.*

Signé à gauche.

CHARLET

231 — *Grenadier.*

Dessin.

DIAZ (N.)

232 — *Bouquets de Fleurs.*

Signé à droite.

DOMINICAIN (Attribué au)

233 — *Saint Joseph.*

Sanguine.

DORÉ (Gustave)

234 — *Les Bretons.*

DE BELLOY

235 — *Paysage.*

Sépia.

DUMARESQ (ARMAND)

236 — *La Tireuse de Cartes.*

FRÈRE (TH.)

237 — *Animaux au Pâturage.*

238 — *Bateaux sur le Fleuve.*

Deux aquarelles se faisant pendant.

GAVARNI

239 — *La Jeune Mère.*

240 — *Les Grandes Dames.*

Aquarelles.

GIORDANO (LUCAS)

241 — *Les Anges adorant l'Enfant Jésus tenu par la Vierge.*

GUIDO (École de RENI)

242 — *Le Supplice de Marsyas.*

INCONNU

243 — *Paysage agreste avec oiseaux aquatiques.*

Signé F. V. S. Gouache.

INCONNU

244 — *Chien et Gibier.*

Gouache.

JUGELET

245 — *Vue de Port.*

Signé à gauche.

MORIN

246 — *Portrait de Dame.*

MAC ALPINE

247 — *Marines.*

Deux jolies aquarelles se faisant pendants. Signées.

NATOIRE (Attribué à)

248 — *Jeux d'Enfants.*

Allégorie de l'Été.

PILLE (HENRI)

249 — *Scène du Moyen-Age.*

Dessin à la plume.

PRUDHON (Attribué à)

250 — *Tête de Femme.*

ROUSSEAU (Attribué à TH.)

251 — *Intérieur de Forêt.*

RICHTER

252 — *Intérieur de Harem.*

Beau tableau. Signé à gauche.

STAAL (Attribué à)

253 — *Le Martyr.*

Dessin à la mine de plomb.

VALKENBURG (Lucas Van)

254 — *Paysage avec figures.*

Signé L. V. V. 1577.

VAN DYCK (Ecole de)

255 — *Tête d'enfant.*

VOGLER (F.)

256 — *La Foire à Montmartre*

Beau tableau.

VOLLON (Alexis)

257 — *Tête de femme.*

Signé à droite.

WATTEAU (Genre de)

258 — *Tête de femme.*

Sanguine.

WOUWERMAN (Pierre)

259 — *Le départ pour la chasse.*

WOUWERMAN (Attribué à)

260 — *Cavaliers dans une ferme.*

ÉCOLE FRANÇAISE

261 — *Jeune Fille à l'Oiseau.*

Pastel ovale.

ÉCOLE FRANÇAISE

262 — *Portrait de Femme coiffée d'un voile.*

Pastel ovale.

ÉCOLE FRANÇAISE

263 — *Baigneuse et Pâtre.*

ÉCOLE FRANÇAISE

264 — *Portrait de Femme.*

Toile ovale.

ÉCOLE FRANÇAISE

265 — *Marine.*

ÉCOLE ITALIENNE

266 — *La Descente de Croix.*

Peinture ovale sur bois.

ÉCOLE ITALIENNE

267 — *La Vierge et l'Enfant Jésus.*

Peinture sur fond d'or. XVIe siècle. Cadre bois sculpté.

ÉCOLE ITALIENNE

268 — *La Vierge, l'Enfant Jésus et un Donateur.*

XVIe siècle.

ÉCOLE ITALIENNE

269-270 — Deux paysages avec figures : *La Danse, et Mendiants à la porte d'une ville.*

ÉCOLE ITALIENNE

271 — *Le Christ descendu de la croix et pleuré par les saintes Femmes.*

ECOLE DU XVe SIÈCLE

272 — *L'Annonciation.*

273 — Gravure en couleur : *Scène de chasse.*

274 — Objets omis.

www.ingramcontent.com/pod-product-compliance
Ingram Content Group UK Ltd.
Pitfield, Milton Keynes, MK11 3LW, UK
UKHW032010260826
14628UKWH00005B/2390

9 782329 462035